LES

ROIS DE NAVARRE

A NÉRAC

LES ROIS DE NAVARRE

À

NÉRAC

Marguerite de Valois. — Jeanne d'Albret.
Henri IV.

PAR

P.-F. DUCASSE.

DEUXIÈME ÉDITION
Revue et augmentée.

NÉRAC
J. BOUCHET, ÉDITEUR.

| O. SABLA, | | A. TOULAN, |
| Libraire. | | Libraire. |

1862.

À la Ville

DE

NÉRAC

A. M. C. E. C.

A L'INSTITUTION
JEANNE D'ALBRET
A NÉRAC (Lot-et-Garonne.)

A mes Amis

DUMINY, MARTIN (Th.), NÈGRE et MONOD (Ad.),

Étudiants en Théologie.

F. Ducasse.

PRÉFACE.

Cet ouvrage est un essai sur la vie des Rois de Navarre qui ont habité Nérac. Je ne raconterai pas exclusivement leur séjour dans cette ville; les récits n'auraient aucune suite ni aucun intérêt; tout en m'étendant plus particulièrement sur les moments de leur vie passés à Nérac, je donnerai un aperçu de leur vie hors de cette ville. C'est ce que j'ai été obligé de faire, surtout pour Marguerite de Valois qui n'a passé à Nérac que la seconde période de son existence. Pour Henri IV, au contraire, je m'arrête à son abjuration; à partir de ce moment il est roi de France, et ce serait faire injure aux lecteurs que de vouloir raconter son règne, bien connu de tous.

Mon unique but est, on le voit, de faire revivre dans l'âme des lecteurs des souvenirs à la fois chers et glorieux, qui semblent s'effacer de plus en plus. Nul ne se souvient de Marguerite de Valois. On se rappelle à peine que la mère de Henri IV avait nom Jeanne d'Albret, et lorsqu'on a dit qu'elle mourut empoisonnée par Catherine de Médicis, on croit avoir fait preuve d'un grand savoir, on croit avoir tout dit. Mais nul ne songe à parler de la femme courageuse qui entonnait une chanson naïve en mettant son fils au monde, du poète inspiré qui faisait des vers si beaux, de l'épouse dévouée qui aima, jusqu'à la mort, un mari si indigne d'elle, de la tendre mère qui donna à son fils une éducation à la fois si variée et si forte, de la reine héroïque qui donna à ses sujets des lois si sages, et repoussa si vigoureusement les attaques de dangereux ennemis.

La postérité est injuste dans beaucoup de ses affections, comme dans beaucoup de ses oublis; s'efforcer de réparer ces injustices, chacun dans sa mesure, est un noble but. C'est le mien : si mes forces viennent à me trahir dans cette œuvre, je ne l'atteindrai pas; mais j'aurai, du moins, l'honneur de l'avoir entrepris.

LES ROIS DE NAVARRE A NÉRAC

MARGUERITE DE VALOIS. — JEANNE D'ALBRET.
HENRI IV.

Prologue.

NÉRAC

*Pallida mors œquo pulsat pede pauperum tabernas,
Et regum turres.*
(Horace.)

Nérac doit sa célébrité historique aux rois de Navarre qui se sont plus à embellir et à habiter une contrée si richement dotée, au milieu d'un peuple si dévoué à leur maison.

Comme nous le verrons dans les récits suivants, Marguerite de Valois, Jeanne d'Albret et Henri IV encore roi de Navarre trouvèrent des charmes dans le séjour de cette ville et dans le commerce de ses habitants. Le caractère des Néracais, à la fois souple, ingénieux, adroit, courageux, charmait Henri IV qui sut les apprécier. Ainsi, l'on rapporte que ce roi, se promenant dans ses jardins de Paris, vit un coin de terre inculte. Le jardinier, interrogé à ce sujet, répondit que ce terrain ne pouvait rien produire : « *Semez-y des Gascons*, repartit le roi, *ils prennent partout.* »

Devenu résidence royale, Nérac ne pouvait manquer de s'embellir ; un splendide château s'éleva bientôt en face de la ville, au sein d'un magnifique parc.

« Ce château, situé sur la rive gauche de la Baïse qu'il dominait d'une grande hauteur, se composait, tel que la féodalité le livra au marteau révolutionnaire, de quatre corps formant, réunis, un vaste quadrilatère, avec la cour renfermée dans leur enceinte. Un pont-levis jeté sur les fossés le mettait en communication avec la ville, du côté de l'Ouest ; du côté de l'Est, un pont construit en maçonnerie (sauf la travée que recouvrait un autre pont-levis au bord des terrasses), le liait au parc dont les beaux ombrages s'étendent sur toute la rive droite de la Baïse, depuis le petit ou vieux Nérac jusqu'au donjon de Nazareth. Sur la rive gauche, en amont du château et des terrasses, régnait le *jardin du roi*. — De fraîches eaux embellissaient ces rives ; dans le parc, la fontaine de *St.-Jean* et la fontaine du *Dauphin* ; dans le jardin du roi, le *Bassin des Tortues*, la fontaine de *las Poupettes*, le bassin et la fontaine du *Griffon*, qu'ombrageaient de superbes marronniers. » (1)

Des quatre corps qui formaient ce magnifique château, un seul subsiste encore. C'est l'aile gauche, où

---

(1) Samazeuilh. *Nérac et Pau*, p. 24-25.

se trouvait le trésor d'Albret. Cette aile, échappée au vandalisme du dernier siècle, ne manque pas de majesté, debout, sur la hauteur d'où elle domine la belle route qui passe à ses pieds, ce vieux Nérac qui s'étend sur les bords de la Baïse, et cette Garenne touffue, aux retraites mystérieuses et aux majestueux replis, à côté de la belle statue de son dernier roi, érigée en mai 1829 par les pieuses mains du comte Dijon.

Mais la génération présente ne respecte rien. Muse des temps passés, voile ta face! Amis des ruines antiques, frémissez de douleur. Ces restes vénérables que la patrie seule devrait posséder, pour les entourer de soins religieux et les conserver dans leur intégrité, tombent peu à peu sous les marteaux destructeurs de leurs divers propriétaires, et le peu qui en reste encore debout disparaît derrière de nouvelles bâtisses qui tirent un épais rideau sur ces ruines du monde antique. Et la statue royale est enveloppée de toutes parts; de toutes parts, cachée aux regards des visiteurs. Nérac, as-tu donc oublié ton roi? Toi, sa ville chérie, tu détruis son palais, et voiles sa statue bien-aimée!

Du moins, la Garenne nous reste encore. Hâtons-nous de nous enfoncer sous son dôme de feuillage, où Marguerite (1) eut sa chapelle; Henri, sa chaumière; Fleurette, son tombeau!... Hâtons-nous!... Le jour

---

(1) Marguerite de Valois, première femme de Henri IV. Il ne faut pas la confondre avec la grand'mère de ce roi, qui porta le même nom, et dont nous allons écrire la vie.

n'est pas loin, peut-être, où la hâche renversera ces chênes superbes au tronc robuste et à l'épais feuillage. On a besoin de planches, pour les constructions!

Notre époque n'adore plus le souvenir du passé; le matérialisme l'envahit de toutes parts.

MARGUERITE DE VALOIS.

Corps féminin, cœur d'homme et tête d'ange.
(*Marot.*)

Chapitre Premier.

JEUNESSE DE MARGUERITE.

Gratior est pulchro veniens in corpore virtus.
(*Virgile.*)
La vertu a plus de charmes dans un beau corps.

Naissance de Marguerite. — Sa beauté. — Son éducation. — Son mariage. — Sa conduite à la cour. — Ses contes.

Lorsqu'on étudie cette sombre époque du 16ᵉ siècle et que l'on pénètre avec horreur à travers les infamies de la cour de François Iᵉʳ, l'œil, fatigué de la vue de tant de misères étalées au grand jour, se repose avec bonheur sur la douce figure d'une femme, de Marguerite de Valois, sœur du prince débauché, providence de son frère tant qu'il écouta ses avis, providence de ses peuples lorsqu'elle eut quitté la cour de France pour monter sur le trône de Navarre.

Marguerite de Valois naquit à Angoulême, le 11

avril 1492, de Charles d'Angoulême et de Louise de Savoie. Son père, avant de mourir, la recommanda à Louis XII qui promit d'être son tuteur. Le bon roi s'acquitta religieusement de la mission que lui avait confiée le mourant; il dépassa même sa promesse : il fut plus qu'un tuteur, il fut un père pour Marguerite.

De bonne heure, cette princesse étonna la cour par la vivacité de son intelligence, par son éclatante beauté, et

Par sa grâce, plus belle encor que sa beauté.

Louis XII lui donna les meilleurs maîtres du royaume et Marguerite sut en profiter : elle apprit le latin, le grec, l'hébreu, la philosophie et la théologie ! Elle faisait en outre des vers charmants, et, (contrairement à beaucoup de femmes et d'hommes de nos jours, qui possèdent cependant une science beaucoup moins étendue,) Marguerite ne fut jamais pédante; elle comprit toujours que la modestie est la première parure d'une femme, qu'elle donne un plus haut prix à la beauté, à l'esprit et à la science; aussi, se montra-t-elle digne du nom qui lui fut donné de *quatrième Grâce* et de *dixième Muse*.

A peine fut-elle en âge de se marier qu'elle se vit recherchée des plus grands seigneurs du royaume. Elle donna la préférence au moins digne de l'obtenir, à Charles, duc d'Alençon. Elle l'épousa à l'âge de 17 ans (1509) et le suivit dans son duché.

Six ans plus tard mourut Louis XII, le père d'adoption de Marguerite qui pleura sincèrement le vieux roi ; mais une chose diminuait sa douleur : son frère, François d'Angoulême, montait sur le trône, et Marguerite espérait beaucoup de bien pour la France de ce règne qui devait être si malheureux ; elle aimait beaucoup son frère et espérait avoir assez d'ascendant sur lui pour vaincre ses penchants dépravés. Elle n'y devait point parvenir ! Louis XII l'avait dit : « *Ce gros garçon gâtera tout.* »

Elle se rendit donc à la cour de François Ier; c'était la plus brillante, mais aussi la plus corrompue de l'Europe ; néanmoins, Marguerite sut conserver au milieu de la dissolution universelle, une âme noble et un corps sans tâche ; sa conduite irréprochable lui attirait l'estime de cette cour qui ne l'imitait pas ; son frère la montrait avec orgueil, l'appelait sa *mignonne*, la consultait dans les affaires les plus importantes, et le plus souvent suivait ses conseils que le résultat montrait pleins de prévoyance et de sagesse. Heureux s'il l'eut toujours écoutée !...

Cependant, quoique ne se mêlant pas aux débauches de la cour, Marguerite vivait au milieu de ces débauches mêmes, et il n'est pas étonnant qu'elles aient pu un peu déteindre sur elle. Elle aurait alors composé quelques-uns de ces contes dont chacun admire le style mais déplore la licence, et qui, dans la suite, *revus et considérablement augmentés*, auraient formé ce que l'on appelle l'*Heptaméron* de la reine de Navarre. C'est ce qui nous paraît résulter de l'examen attentif des opinions diverses émises à ce sujet. Quelques historiens vont plus loin que nous : les uns affirment que Marguerite a écrit tout le recueil, les autres nient même sa coopération. L'historien de Félice nous semble être plus près de la vérité. Voici en quels termes il s'exprime à ce sujet :

« Il est douteux que le recueil de contes licencieux
« qu'on lui attribue soit sorti de sa plume, mais, lors
« même qu'elle y aurait travaillé, ce serait un tort de
« jeunesse qu'elle a noblement réparé depuis. Margue-
« rite fut vertueuse dans une cour corrompue. » (1)

---

(1) Histoire des Protestants de France, p. 40.

Chapitre II.

MARGUERITE ET LA RÉFORME.

> Humana antè oculos fœdè tùm vita jacebat
> In terris, oppressa gravi sub relligione....
> *(Lucrèce.)*

Penchants de Marguerite pour la Réforme. — Paroles de Louise de Savoie. — Paroles de Bellarmin. — Marguerite se lie avec Lefèvre d'Étaples, Farel et Briçonnet. — Influence funeste de ce dernier.

Dès l'aurore de la Réformation, Marguerite pencha vers les idées nouvelles. Elle apprit par la rumeur publique et par les plaisanteries de son frivole entourage que quelques hommes s'étaient levés pour secouer le joug des traditions, et réformer l'Église tout entière. Aussitôt, elle eut le désir de connaître ces audacieux réformateurs, et il ne faut point s'étonner de cet empressement. Marguerite était sérieuse, et désirait connaître ces nouveaux principes, en rapport peut-être avec les idées de réforme qu'elle s'était faites.

Du reste, l'Église était assez mal traitée, à la cour de François de Ier, et Marguerite en souffrait.

Louise de Savoie, mère de François Ier et de Marguerite, femme orgueilleuse et corrompue, que l'histoire nous montre si opposée à la Réforme, n'épargnait dans ses entretiens, ni les prêtres, ni les moines. On lit dans son journal :

« L'an 1522, mon fils et moi, *par la grâce du Saint-Esprit*, commençons à connaître les hypocrites blancs, noirs, enfumés, et de toutes couleurs, desquels Dieu, par sa clémence et bonté infinie, veuille nous préserver et défendre ; car *si Jésus-Christ est un menteur*, il n'est point de plus dangereuse génération, en toute manière. »

Ces invectives contre le clergé de cette époque sont de peu d'importance dans la bouche d'une femme telle que Louise de Savoie. Mais la citation suivante a plus de poids et montrera qu'il était, pour le moins, peu étonnant que Marguerite penchât vers la Réforme.

Elle est empruntée à Bellarmin, jésuite, cardinal, archevêque de Capoue, l'un des partisans les plus enthousiastes de la cour de Rome, qui voulait soumettre tous les rois aux papes, même pour les choses temporelles, l'un des plus ardents ennemis du protestantisme, l'un des plus controversistes les plus fougueux et les plus goûtés de l'Église romaine.

« Quelques années avant l'apparition de l'hérésie calviniste et luthérienne, il n'y avait *presque* plus de sévérité dans les lois ecclésiastiques, *ni de pureté dans les mœurs, ni de science dans les saintes lettres, ni de respect pour les choses sacrées*, NI DE RELIGION. » (Bellarmin. *Op.* t. vi, p. 296.)

Angoissée, tourmentée par ce qu'elle entendait et

qu'elle voyait, on comprend que Marguerite fut poussée à étudier les principes de la Réforme.

Dans ces sentiments, elle se lia avec Lefèvre d'Etaples, l'un des premiers réformateurs français, qui lui enseigna ses doctrines et la mit en relations avec l'ardent Farel et le faible Briçonnet. Autant la connaissance de Farel fut profitable à Marguerite, autant celle de Briçonnet lui fut préjudiciable. Sans ce dernier, Marguerite se fût peut-être décidée à embrasser ouvertement la Réforme, tandis que Briçonnet, ce prédécesseur de Bossuet à l'épiscopat de Meaux, fit partager ses indécisions à la princesse, et qu'au lieu d'un guide assuré, Marguerite chancelante trouva un appui chancelant lui-même.

Cependant, quoiqu'elle ne se prononçât pas franchement pour la Réforme, elle s'attira la haine du clergé et surtout de la Sorbonne, en faisant de sa maison l'asile et le refuge des Réformés.

Chapitre III.

MARGUERITE ET LA SORBONNE.

> Supplicia *impiis* constituta esse voluerunt.
> *(Cicéron)*

Marguerite protectrice des lettres et des arts. — Son voyage à Madrid. — Son influence passagère sur son frère. — Insolence d'un cordelier. — Colère de la Sorbonne. — Exil de Bédier. — Nouvelles persécutions. — Départ de Marguerite.

Malgré les ennemis que sa propension pour la Réforme lui créait chaque jour, Marguerite vivait paisiblement dans son hôtel, devenu le rendez-vous des célébrités de l'époque, hommes de lettres, savants, poètes, et parmi eux l'illustre Clément Marot. Ces hommes célèbres, dont la plupart inclinaient vers les idées nouvelles, trouvèrent en Marguerite une protectrice sous les auspices de laquelle ils purent se livrer en sécurité à leurs travaux. En temps de persécution, l'hôtel de Marguerite était leur refuge; cette princesse les protégeait courageusement, les soutenait de son crédit, les assistait de sa bourse, les cachait en des retraites sûres, ou les accueillait auprès d'elle, et les arrachait même à la prison.

Depuis dix ans Marguerite était à la cour lorsqu'eut lieu la bataille de Pavie (24 février 1525). Elle se trouvait à Lyon, avec sa mère Louise de Savoie, lorsqu'elle apprit cette défaite. Peu de temps après, son mari le duc d'Alençon arriva à Lyon, en proie à la plus violente désolation, fut bientôt pris d'une pleurésie, et mourut quelques jours après avec des transports de désespoir. Il était la cause du désastre de Pavie : au moment d'engager la bataille il avait pris la fuite, sous l'impulsion d'une terreur panique. Ainsi, à 33 ans, Marguerite resta veuve et sans enfants.

François Ier était prisonnier. Le peuple qui l'aimait, malgré ses défauts, était consterné. La Sorbonne profita de son absence pour gagner la régente Louise de Savoie; avec son aide elle remplit les cachots d'hérétiques, et la France de bûchers. Marguerite ne parvint à préserver de ces assassinats que quelques rares victimes.

Elle seule pensait à son frère, car elle seule l'aimait, et elle le prouva par le voyage célèbre qu'elle fit à Madrid pour traiter de sa rançon. Elle réussit complètement, et François Ier rentra en France.

Malgré de telles obligations, le faible François Ier fut toujours flottant entre les prières de sa sœur, qui l'invitaient à la paix, et les requêtes de la Sorbonne qui l'excitaient au carnage ; ce dernier avis prévalait souvent, et la triste Marguerite allait pleurer en silence, ou épancher sa douleur dans quelqu'une de ces douces poésies qu'elle publia sous le nom de *Marguerite de la*

Marguerite des princesses.

Cependant elle l'emportait quelquefois sur les sanguinaires conseillers de son frère. Ainsi, en 1533, après la mort de Louise de Savoie, qui avait voulu racheter les désordres de sa jeunesse par le massacre des *hérétiques*, Marguerite fit prêcher à Paris, Courault, Bertault et Gérard Roussel, son chapelain, inclinant tous les trois vers la Réforme. La parole éloquente de ces prédicateurs attirait dans les églises une foule immense. Pendant ce temps, la Sorbonne condamnait un ouvrage anonyme, mais que la rumeur publique attribuait à Marguerite, le *Miroir de l'âme pénitente*. Non contents de cela, quelques docteurs voulurent soulever le peuple, mais le parlement les exila.

Alors la fureur des moines ne connut plus de bornes, et l'impudence de plusieurs fut poussée au délire. Ainsi, un cordelier alla jusqu'à déclarer, dans un sermon, que Marguerite méritait d'être « *cousue dans un sac et jetée en Seine.* » François Ier, irrité de cet outrage, ordonna qu'on fit subir à l'orateur le traitement dont il avait menacé Marguerite ; mais elle intercéda pour lui et obtint une commutation de peine.

Noël Bédier, le plus féroce des docteurs de la Sorbonne, poussa la démence à un aussi haut degré. En 1533, il fit jouer une pièce de comédie où Marguerite était représentée filant d'abord, puis jetant son fuseau pour prendre une Bible des mains d'une Furie, et se changeant tout à coup elle-même en Furie.

Cette fois, François Ier punit le docteur : il l'envoya finir misérablement ses jours, abandonné de tous, dans le château St.-Michel, construit sur une roche nue, au milieu des vagues de l'Océan.

Ces bonnes dispositions de François Ier ne durèrent pas longtemps; ce prince était trop faible pour lutter contre la Sorbonne. Quelques placards contre la messe, affichés dans Paris et jusque sur la porte de la chambre du Roi, devinrent le signal d'un nouvel ordre de choses. Les prisons se remplissent d'hérétiques, les bûchers se rallument, la Sorbonne triomphe, une immense terreur plane sur la France, et Marguerite désolée quitte pour jamais la cour de Paris.

Chapitre IV.

MARGUERITE A NÉRAC.

> Quand nul ne voy, l'œil j'abandonne
> A pleurer ; puis sur le papier
> Un peu de ma douleur j'ordonne :
> Voilà mon douloureux mestier.
>
> *(Marguerite de Valois.)*

Second mariage de Marguerite. — Étendue de son royaume. — Caractère de son mari. — Sa résidence à Nérac. — Ses réformes. — Sa messe à sept points. — Accueil fait aux réfugiés.

Veuve à 33 ans, Marguerite s'était remariée à 35. Henri d'Albret, roi de Navarre, pris à Pavie avec François I*er*, avait secondé activement les efforts de Marguerite, pour retirer ce prince de sa prison; mais, plus heureux que lui, il était parvenu à s'évader. Dès que François I*er* fut rentré en France, il voulut récompenser son ami en lui donnant la main de sa sœur. Marguerite consentit à ce mariage, plutôt par condescendance pour son frère, que par inclination. Le mariage fut célébré à Lyon, le 24 janvier 1527.

Marguerite apporta en dot à son mari les duchés d'Alençon et de Berry et les comtés du Perche, d'Armagnac et de Comminges, provinces qui, jointes au

Béarn, au comté de Foix, et à ce qui restait de la Navarre, formèrent un État assez considérable. De plus, François Ier investit son beau-frère de l'important gouvernement de la Guienne.

Le mariage était mal assorti : Henri d'Albret avait à peine 24 ans et Marguerite près de 35 ; mais cependant, mis en comparaison avec le premier mari de Marguerite, Henri ne pouvait que gagner au parallèle. C'était un prince doux et bon pour ses sujets, très brave à la guerre, loyal dans toutes ses affaires, et qui avait mérité de Charles-Quint ce magnifique éloge : « Je n'ai vu qu'un homme en France, et cet homme c'est « le roi de Navarre. »

Pendant les premières années de son mariage, Marguerite était demeurée moins dans ses États qu'à la cour de France, jusqu'au jour où tout crédit lui fut enlevé. 1534 (1).

Alors, la pauvre princesse, laissant son frère ravaler la France et lui-même dans les bras d'impures favorites, se retira dans ses États, et résida quelquefois à Pau, et souvent à Nérac. Nérac peut donc revendiquer cette princesse devenue reine de Navarre.

S'étant fixée à Nérac, Marguerite fit fleurir l'agriculture, ouvrir des routes, construire une aile entière de ce château dont le vandalisme moderne fait sa proie.

Ce fut à Nérac que Marguerite se livra avec moins

---

(1) Voyez le chap. précédent.

de réserve à son penchant pour les idées nouvelles; c'est à Nérac qu'elle faisait régulièrement célébrer cette Messe à sa manière que l'on a appelée depuis : « *Messe à sept points.* »

Voici les *sept points* qui distinguaient cette messe de la messe ordinaire :

1° La messe sera une communion publique.

2° Il n'y aura pas d'élévation d'hostie.

3° Il n'y aura pas d'adoration d'hostie.

4° Il n'y aura commémoration ni de la Vierge, ni des saints.

5° Le prêtre et le peuple communieront sous les deux espèces.

6° La communion se fera avec du pain ordinaire.

7° Les prêtres auront la liberté de se marier. (1)

On le voit, l'autel duquel s'approchait Marguerite ne différait guère de la table austère où les Huguenots rompaient le pain de la communion.

Il est facile de voir qu'avec de pareilles dispositions de la part de Marguerite, sa cour ne devait pas tarder à devenir l'asile de tous ceux qui étaient compromis, persécutés ou proscrits pour leurs tendances religieuses. Beaucoup de familles réfugiées vinrent porter à Nérac et dans ses environs les ressources de leur industrie et de leur fortune. Des écoles furent ouvertes et des professeurs expérimentés y communiquèrent au peuple les ressources de leur science, le fruit de leurs études, et les enseignements de la Réforme.

---

(1) Puaux. Galerie des Réformateurs, p. 90-91.

Chapitre V.

MARGUERITE A NÉRAC. (Suite.)

> Prends donc le luth d'Horace et la lyre d'Orphée,
> (Un pacte so'ennel te lie à l'avenir.)
> Leur corde doit vibrer entre tes doigts de fée,
> Tes vers seront gravés dans notre souvenir !
> *(J.-D. Gimet.)*

Marguerite protectrice des lettres. — Marot à Nérac. — Son caractère. — Écrivains célèbres à la cour de Marguerite. — Poésie de cette princesse. — Mécontentement de son mari.

La douce influence de Marguerite ne s'était pas plustôt fait sentir à Nérac, que tous les grands hommes qu'elle recevait dans son hôtel, à Paris, et dont le nombre s'était encore augmenté, vinrent y établir sous ses auspices un *vray Parnasse*, comme on disait alors.

Nommons d'abord le « *gentil* » mais imprudent Marot, aussi célèbre par les grâces piquantes de son esprit que par les aventures diverses de sa vie, et l'inconséquence de ses propos. — D'abord page, puis secrétaire de Marguerite, il ne fallait rien moins que le crédit et la bonté de cette princesse pour le soustraire aux châtiments qu'avait encourus la hardiesse de ses libres discours. Accusé d'hérésie, il se réfugia à Blois, après que cette princesse eut quitté Paris; ne s'y trouvant pas en lieu assez sûr, il alla la rejoindre à Nérac, et devint son valet de chambre.

Il célébra depuis, dans ses vers, la reine de Navarre sous le nom de « sœur d'alliance. » Les esprits malveillants se sont emparés de ce mot, et ont voulu y voir une *fraternité* et une *alliance* plus que spirituelles. Avec un peu plus de réserve, l'indiscret poète aurait pu empêcher l'histoire d'avoir à réfuter cette calomnie. Il faut joindre à Marot, le satirique Des Perriers, les littérateurs Gruguet et Dumoulin, Jean de la Haye, dit *Sylvius*, et une foule d'autres. Au milieu de ces hommes, les mieux « enlangagés » de l'époque, brille la douce figure de Marguerite qui se plaisait à les entretenir longuement; elle était elle-même au nombre des érudits de sa cour et de son siècle; à la connaissance des langues anciennes (1), elle joignait celle de cinq langues modernes : le Français, sa langue maternelle, l'Anglais, l'Allemand, l'Italien et l'Espagnol.

On peut juger de ses talents poétiques et de son cœur par les vers suivants qu'elle composa dans la litière qui la portait à Madrid, pendant que François Ier y était encore en prison : (II)

  Si la douleur de mon esprit
  Je pouvois monstrer par parole,

---
(1) Voyez p. 14.
(II) Voyez p. 21.

Ou la déclarer par escrit;
Onque ne feut sy triste rolle;
Car le mal qui plus fort m'affolle
Je le cache et couvre plus fort ;
Par quoy n'ay rien qui me console
Fors l'espoir de la douce mort !

. . . .

Je regarde de tous costez
Pour voir s'il n'arrive personne,
Priant sans cesser, n'en doutez,
Dieu, que santé à mon Roy donne.

. . . .

O qu'il sera le bien-venu,
Celuy qui, frappant à ma porte,
Dira : « Le Roy est revenu,
« Et sa santé est bonne et forte. »
Alors, sa sœur, plus mal que morte,
Courra baiser le messager
Qui telles nouvelles apporte,
Que son frère est hors de danger.

Avancez-vous, homme et chevaux ;
Assurez-moi, je vous supplie,
Que nostre Roy, pour ses grands maux
A reçu santé accomplie.
Lors seray de joye remplie.
Las ! Seigneur Dieu, esveillez-vous ;
Et vostre œil sa douleur desplie,
Sauvant vostre Christ et nous tous !

Le désir du bien que j'attens
Me donne de travail matière ;
Une heure me dure cent ans
Et me semble que ma litière
Ne bouge, ou retourne en arrière,
Tant j'ay de m'avancer désir.
O qu'elle est longue la carrière
Où à la fin gist mon plaisir !

Le cercle littéraire de Marguerite déplaisait singulièrement au roi Henri. Ce prince, qui savait mieux manier l'épée que la plume, et qui préférait assister à un tournoi chevaleresque qu'à une joute poétique, ne pouvait pas comprendre ce genre d'intimité qui donne l'étude commune des lettres. Les familiarités indiscrètes de Marot envers Marguerite excitaient surtout son mécontentement, et le léger poète dont la plume seule était coupable de quelques expressions, pour le moins hasardées, se transformait promptement dans l'esprit du rude monarque en un odieux amant de sa femme, sur laquelle Henri faisait retomber sa colère.

Un autre motif plus grave encore l'indisposait contre la pauvre Marguerite, qui allait pleurer à l'écart les reproches durs et blessants dont l'accablait son ombrageux époux. Nous en parlerons plus tard. (1)

---

(1) Voir chap. 7.

Chapitre VI.

MARGUERITE A NÉRAC. (Suite.)

> Satis jampridem sanguine nostro
> Laomedonteæ luimus perjuria Trojæ.
> *(Virgile.)*

Marguerite attire des Réformateurs à Nérac. — Mélanchton. — Calvin. — Dolet. — Gérard Roussel. — Lefèvre d'Etaples. — Lettres de Marguerite. — Mort de Lefèvre. — Son testament. — Son tombeau.

Marguerite favorisait la Réforme : nous avons vu qu'elle recevait des réfugiés ; sa cour de Nérac devint l'asile des chefs de la Réforme eux-mêmes.

Mélanchton, à qui la bonne Marguerite sauva la vie, vint lui offrir ses hommages à Nérac, lorsqu'il voyageait dans l'Agenais.

Ce fut aussi à Nérac que Calvin vint chercher un asile, lorsqu'il fut persécuté et contraint d'abandonner Noyon, sa patrie, à cause de ses opinions. C'est Marguerite elle-même qui lui avait offert cet asile, où elle le retint pendant toute l'année 1533, en lui donnant des marques non équivoques de la plus haute considération et de la plus sincère amitié. Nérac se souvient du Réformateur, et montrait naguère sur la rive droite de la Baïse une petite tour carrée que l'on appelait la *Chaire de Calvin* et du haut de laquelle le Réformateur annonçait au peuple les opinions nouvelles.

A Nérac se réfugia le savant Étienne Dolet, malheureux ami de l'heureux Rabelais. Après avoir passé quelque temps à la cour de Navarre, il voulut rentrer en France, mais la Sorbonne avait l'œil ouvert, et un bûcher de plus s'alluma !

Nommons l'étonnant Gérard Ruffi, plus connu sous le nom de Roussel, chapelain de Marguerite, homme de transactions comme elle. La reine de Navarre l'aimait beaucoup ; elle le fit venir à Nérac, pendant que Calvin s'y trouvait, et lui procura de nombreuses conférences avec le célèbre Réformateur. Tout en restant catholique et même prêtre, Gérard sapait dans ses discours tous les dogmes romains. Marguerite eut le tort de l'avancer dans les ordres en le faisant nommer d'abord abbé de Clairac, puis évêque d'Oloron ; ce qui fit que Gérard n'embrassa jamais ouvertement la Réforme qu'il prêchait. Ainsi, à Clairac, tous les moines qui composaient son abbaye et les principaux habitants de la ville embrassèrent la Réforme ; à Oloron, il transforma la liturgie de son diocèse ; il fut enfin blessé mortellement dans l'église de Mauléon, sous les coups d'un ardent sectateur de cette religion dont il était évêque et qu'il cherchait à abolir.

Parlons enfin du séjour à Nérac de l'illustre Lefèvre

d'Etaples, homme doux et laborieux, qui toute sa vie travailla en apôtre malgré les persécutions, et qui, néanmoins, ne voulut jamais rompre avec l'Église qui le poursuivait et le haïssait profondément pour avoir été le premier, sinon le plus grand chef de la grande Révolution religieuse. Courbé par l'âge, usé par les veilles, ce vénérable patriarche de la Réforme devait à la protection de Marguerite la place de bibliothécaire à Blois. L'y trouvant peu en sûreté, Marguerite lui offrit un asile à Nérac, et écrivit au connétable de Montmorency pour avoir du roi cette permission. Je donne ici cette lettre remarquable par ses termes affectueux et par le soin que la reine apporte à dissimuler le vrai motif du départ qu'elle sollicite :

« Le bonhomme Fabry (1) m'a escript qu'il s'est
« trouvé un peu mal à Bloys, avecques ce qu'on l'a
« voulu fascher par delà. Et pour changer d'air, iroit
« voulontiers veoir ung amy sien pour ung temps,
« sy le plaisir du roy estoit de luy vouloir donner
« congié. Il a mis en ordre sa librairie, cotté les li-
« vres, et mis tout par inventaire, lequel il baillera à
« qui il plaira au roy. »

Cette permission fut accordée et le vieux Lefèvre vint à Nérac. Là, il eut été en paix, si le souvenir des souffrances endurées par les Réformés, qu'il regardait à bon droit comme ses enfants, enfants qu'il n'osait avouer, n'eût rempli son cœur de tristesse et ne lui

---

(1) Pour *Lefèvre*.

eût fait verser des larmes amères sur sa propre faiblesse.

La veille du jour où il se coucha pour ne plus se relever : « *Je compte*, disait-il, *pour un très grand crime, qu'ayant connu la vérité et l'ayant enseignée à plusieurs personnes qui l'ont scellée de leur sang, dans un âge où j'aurais dû désirer la mort au lieu de la craindre, j'ai eu la faiblesse de me tenir dans un asile, loin du lieu où se gagnent les couronnes des martyrs* » (1). — Et le vieillard versait d'abondantes larmes, et la bonne Marguerite cherchait à le consoler.

Quelques après, il mourut (en 1537) en disant : « *Je laisse mon corps à la terre, mon esprit à Dieu et mon bien aux pauvres.* »

Marguerite le fit ensevelir dans un tombeau taillé pour elle-même. On le voyait dans l'Église de Nérac, avec cette épitaphe :

« Corpus humo, mentemque Deo, bona cuncta relinquo
« Pauperibus. » Faber hœc, dum moreretur ait. (II)

Il n'existe plus ! Des mains profanes l'ont détruit ; elles ont jeté au vent les cendres du grand docteur, pendant ces épouvantables dissensions religieuses qui ont agité Nérac et la France tout entière.

---

(1) Puaux : *Galerie des Réformateurs*, p. 58.
(II) Florimont de Ræmond.

Chapitre VII.

MARGUERITE A NÉRAC. (Fin.)

*Palais du Béarnais, bosquets, verte Garenne,
Ils ne sont plus, ces jours où votre noble arène
Offrait aux chevaliers les palmes des tournois;
Les Preux rompaient la lance applaudis par deux reines,
Et mêlaient leur blason aux bannières hautaines
Des chaînons de Navarre, et des lys de Valois.*

(*Lespiault.*)

Marguerite maltraitée par son mari. — Paroles de Brantôme. — Montmorency et François Ier. — Plaintes de la Sorbonne. — Marguerite appelée à Paris. — Sa justification. — Mort de François Ier. — Mort de Marguerite.

Henri d'Albret déjà mécontent de l'intimité de Marguerite avec les littérateurs de sa cour, intimité à laquelle il attribuait une cause autre que littéraire, le devint bien davantage en voyant ses états envahis par l'hérésie conduite par sa propre femme.

Le catholique-romain et le politique s'unissaient en lui pour combattre cette hérésie, mais c'était, je crois, le politique qui parlait le plus haut. Aussi, Henri se livrait-il contre Marguerite à de fréquents accès d'emportement qu'il ne prenait pas la peine de dissimuler. Laissons parler Brantôme :

« Il la traitoit très mal et *eût encore fait pis*, sans le
« roy François, son frère, qui parla bien à lui, le ru-
« doya fort, et le menaça, pour honorer sa femme et
« sa sœur, et le rang qu'elle tenoit. »

Un ministre protestant étant un jour occupé à faire le prêche dans la chambre de Marguerite, Henri en fut averti et accourut fort en colère. Marguerite n'eût que le temps de faire échapper le ministre par une issue autre que celle par où le roi devait entrer. Il entra bientôt et ne trouva que Marguerite. Ce fut sur elle qu'il déchargea sa colère : il s'emporta jusqu'à lui donner un soufflet, en lui disant : « *Madame, vous voulez trop savoir.* »

Quel que fût le sujet qui avait provoqué cet acte de stupide brutalité, François Ier y vit un outrage personnel et en fit à Henri d'Albret les plus vifs reproaccompagnés d'expresses menaces en cas de récidive; mais Henri, mal payé de son zèle, ne jugea plus à propos de le témoigner de nouveau. Il laissa désormais désormais Marguerite écouter le prêche en paix, et peu à peu la princesse l'amena à s'associer à ses pratiques huguenotes, (tout en vaquant cependant l'un et l'autre à leurs pratiques de catholiques fervents;) et même jusqu'à chanter des *psalmes*, écouter le prêche et assister à la Cène.

Cependant, la Sorbonne ne cessait pas ses menées, depuis que Marguerite était reine. De nombreuses et perfides accusations étaient journellement dirigées contre elle. Le connétable de Montmorency était un

de ses plus ardents ennemis. Un jour qu'il faisait à son maître l'énumération des chefs des Huguenots, il ne craignit pas de nommer Marguerite. Mais il reçut du roi cette réponse : « *Ne parlons pas de celle-là, elle
« m'aime trop ; elle ne croira jamais que ce que je
« croirai, et ne prendra jamais de religion qui pré-
« judicie à mon État.* »

Cependant, les clameurs des ennemis de Marguerite devinrent si fréquentes, que François Ier fut obligé de la citer à Paris, pardevant un tribunal composé de juges qu'il avait lui-même choisis, et qui, par conséquent, étaient peu redoutables. Marguerite comparut, répondit *en catholique*, et obtint sans peine gain de cause contre la Sorbonne et contre Montmorency. Rentrée dans ses États, elle y agit comme auparavant.

Mais François Ier ne vécut pas longtemps après. Une maladie honteuse, dont le nom seul fait rougir, précipita dans le tombeau cet indigne monarque, le 31 mai 1545, à l'âge de 53 ans. Marguerite seule pleura sa mort. Pendant plusieurs mois, abîmée dans sa douleur, elle demeura enfermée dans ses appartements, sans cesser de pleurer. Son corps délicat, incapable de supporter la douleur d'une âme si aimante, s'affaiblit peu à peu, et deux ans après, 1549, Marguerite expira au château d'Odos, près de Tarbes, emportant avec elle les larmes et les regrets de tous ceux qui l'avaient connue, des pauvres qu'elle avait secourus, des proscrits auxquels elle avait donné asile, et du peuple qu'elle avait aimé.

Chapitre VIII.

JUGEMENT SUR MARGUERITE.

> Repose doucement, repose sous ta pierre
> Attendant qu'au signal donné par l'Éternel,
> Tu t'élèves pour être un ange dans le Ciel,
> Comme tu l'étais sur la terre.
>
> *(Andrieux.)*

Caractère de Marguerite. — Ses qualités supérieures. — Ses faiblesses. — Trop grande sévérité de l'histoire à son égard. — Belles paroles et beaux vers de Marguerite. — Conclusion.

La physionomie de Marguerite est sans contredit la plus intéressante de son époque. Femme d'une sensibilité rare, d'un goût exquis, d'un tact délicat, d'un talent admirable, on ne peut rien lui reprocher qu'un peu de cette faiblesse qui semble naturelle à son sexe, et qui produisit ces incertitudes et ces hésitations qui contristèrent les protestants et irritèrent la Sorbonne. Elle conserva jusqu'à la mort les dehors de la religion catholique, mais on n'a qu'à lire ses écrits et à étudier sa vie pour se convaincre, qu'au fond de son âme, sa religion n'était guère différente de celle de ces huguenots qu'elle aimait et protégea toujours.

On ne saurait, il est vrai, l'absoudre complètement

de ses faiblesses, mais néanmoins, il nous semble qu'on a été trop sévère pour elle. Il n'est pas étonnant qu'elle ait conservé le nom de catholique, et se soit associée aux actes extérieurs de cette religion. Gérard Roussel, son chapelain, ne fit-il pas de même? Le grand Lefèvre-d'Etaples ne resta-t-il pas aussi *catholique* toute sa vie? Ces exemples avaient du poids pour Marguerite, et d'ailleurs, tout homme, fut-il le plus vertueux, *ne pêche-t-il point en quelque manière?*

Et enfin, (ce qui est le plus grand éloge que l'on puisse faire de Marguerite,) ne fut-elle pas bénie et pleurée de ses peuples, après sa mort?

N'a-t-elle pas prononcé cette belle maxime : « *Nul ne doit s'en aller triste et marri, de la parole d'un roi?* » Et cette autre, plus belle encore : « *Les rois et les princes ne sont pas les maîtres et seigneurs des pauvres, ains* (mais) *seulement des ministres que Dieu a établis, pour les secourir et les consoler?* »

N'a-t-elle pas écrit ces vers si doux et si chrétiens :

> Si quelque injure l'on vous dit,
> Endurez-le joyeusement;
> Et si chacun de vous médit,
> N'y mettez votre pensement.
>   Ce n'est chose nouvelle
> D'ouïr ainsi parler souvent;
> Autant en emporte le vent!

Si le monde vous vient tenter
De richesse, honneurs et plaisir,
Et les vous vient tous présenter,
N'y mettez ni cœur, ni désir;
   Car chose temporelle
Retourne où estoit par avant;
Autant en emporte le vent !

Si l'on vous dit qu'en autre lieu
L'on puisse trouver reconfort
Et vrai salut qu'en un seul Dieu,
C'est pour mettre votre âme à mort;
   Montrez-vous lors rebelle,
Et démentez le plus savant;
Autant en emporte le vent !

Quelle suave poésie ne règne pas dans ces strophes! Les suivantes, extraites d'un *Chant de Noël*, ne sont pas moins élevées; la dernière surtout semble faite d'hier:

   Resjouys-toi, Nature,
   En ce jour tant heureux,
   Car de sa créature
   Dieu se montre amoureux.
   Il luy donne sa grâce,
   Il luy monstre sa face,
   Soubs forme d'un enfant;
   Nature morte et lasse,
   Sentant ceste efficace
   Contre mort se défend.

Si nous povons bien croire
Ceste Nativité,
Toute nuict laide et noire
Toute lascivité,
Toute chose charnelle,
Ainsi qu'une estincelle,
En rien retournera ;
Et la lumière belle
D'une clarté nouvelle
Nous illuminera.

On le voit, la reine de Navarre avait un esprit aussi élevé qu'un cœur noble ; elle brille parmi les plus grands écrivains comme parmi les plus grands rois de son siècle.

Laissons parler la médisance ; malgré ses torts, Marguerite est un de nos plus chers souvenirs !

Mais, entre Marguerite qui n'osa pas embrasser une foi qu'elle aimait et Henri IV qui osa la renier par intérêt, « l'histoire élève et fait rayonner un immortel exemple : ce fut la fille de l'un, la mère de l'autre, cette illustre Jeanne d'Albret qui va nous occuper maintenant. » (1)

---

(1) Th. Muret. *Hist. de Jeanne d'Albret*, p. 42.

FIN DE MARGUERITE DE VALOIS.

Nérac. — Imp. J. Bouchet.

www.ingramcontent.com/pod-product-compliance
Lightning Source LLC
LaVergne TN
LVHW021706080426
835510LV00011B/1609